BEI GRIN MACHT SICH IHR WISSEN BEZAHLT

- Wir veröffentlichen Ihre Hausarbeit, Bachelor- und Masterarbeit

- Ihr eigenes eBook und Buch - weltweit in allen wichtigen Shops

- Verdienen Sie an jedem Verkauf

Jetzt bei www.GRIN.com hochladen
und kostenlos publizieren

Trainingslehre II. Fitnessökonomie, Leistungsdiagnostik und Trainingsplanung für das Ausdauertraining

Simon Habold

GRIN☺

Bibliografische Information der Deutschen Nationalbibliothek:

Die Deutsche Nationalbibliothek verzeichnet diese Publikation in der Deutschen Nationalbibliografie; detaillierte bibliografische Daten sind im Internet über http://dnb.d-nb.de abrufbar.

ISBN: 9783346565181
Dieses Buch ist auch als E-Book erhältlich.

Deutsche Hochschule für
Prävention und Gesundheitsmanagement
Hermann Neuberger Sportschule 3
66123 Saarbrücken

Einsendeaufgabe

Fachmodul:	Trainingslehre II
Studiengang:	Fitnessökonomie
Datum Präsenzphase:	14.06.2021 bis 16.06.2021
Name, Vorname:	Habold Simon
Studienort:	**München**
Semester:	**SS 20**

Inhaltsverzeichnis

1 Diagnose

1.1 Allgemeine und biometrische Daten

Die erste Stufe jeder zielgerichteten Trainingssteuerung ist die Diagnose zu Beginn. Bei einem Eingangsgespräch inkl. Messung wird der genaue Ist-Zustand der Testperson festgehalten. Um den Kunden hinsichtlich seines Trainingszustands besser einzuschätzen und eventuelle Risiken minimieren zu können, wurden verschiedene Tests durchgeführt um die biometrischen Daten des Probanden zu ermitteln. Diese sind essenziell für die Auswahl des Testverfahrens, sowie für die weitere Trainingsplanung von Bedeutung. Die Daten werden hierbei in den folgenden Tabellen aufgezeigt.

Alter	24
Geschlecht	Männlich
Körpergröße	186 cm
Körpergewicht	88 kg
Trainingsmotive	Proband möchte in den nächsten 6 Monaten seine Ausdauer stetig verbessern, um nach der Winterpause wieder fit für den Trainingseinstieg im Fußball zu sein. Zudem möchte er abnehmen, dies bezieht er aber auf seinen eigenen ästhetischen Wunsch.
Berufliche Tätigkeit	Bürokaufmann (überwiegend sitzend)
Aktuelle sportliche Aktivität	Spielt schon seit seiner Kindheit Fußball (Beginn im Alter von 8 Jahren), aktuell: 2x/Woche Fußballtraining (90min. pro Training) und am Wochenende ein Punktspiel (90min.)
Frühere sportliche Aktivität	Zwischen 12 und 16 regelmäßiges Tennistraining 1x/Woche. Seitdem aber weder Training, noch Wettkämpfe
Zeitlicher Verfügungsrahmen	Ca. 3-4x/Woche für 45-60 min/Einheit

Tabelle 1: Allgemeine Daten des Probanden

Test	Testergebnis	Normwert	Auswertung
Blutdruck (Sphygmomanometer)	110/70 mmHg	Bereich der Optimalen Normotonie (vgl. Tabelle 3)	Der Blutdruck der Testperson liegt im optimalen Bereich
Ruhepuls (Sphygmomanometer)	57 Schläge/min	Normwerte für Erwachsene (Weineck, 2003): 60-80 Schläge/ Minute	Der Blutdruck liegt unter dem Normwert. Dies ist aber bei gut trainierten Ausdauersportlern keine Seltenheit.
Körperfettanteil in % (Bioimpedanzanalyse)	18%	Normalbereich (20-39 Jahre) liegt bei 8-20% (Gallagher, et al., 2000)	Körperfettanteil liegt im Normalbereich, leichte Tendenz jedoch Richtung erhöhtem Körperfettanteil
Body-Mass-Index	25,4	Leichte Präadipositas, 25,0 – < 30 (WHO, Stand 2008)	Bei dem Probanden kann eine leichte Prä-Adipositas festgestellt werden.
Einnahme von Medikamten	Nein		
Testperson in ärztlicher Behandlung	Nein, Bestätigung bester Gesundheit von Sportarzt für geplanten Belastungstest liegt vor		
Allgemeiner Gesundheitszustand (Etwaige orthopädische und internistische Probleme)	Keine körperlichen Einschränkungen		
Leistungsstufe	Fortgeschrittener		

Tabelle 1: Biometrische Daten des Probanden

Bewertungsstufen	Systolischer Blutdruck	Diastolischer Blutdruck
Normblutdruck (Normotonie)		
Optimal	Unter 120mm/Hg	Unter 80mm/Hg
Normal	Unter 130mm/Hg	Unter 85mm/Hg
Hochnnormal	130-139mm/Hg	85-89mm/Hg
Bluthochdruck (arterielle Hypertonie)		
Stufe 1	140-159mm/Hg	90-99mm/Hg
Stufe 2	160-179mm/Hg	100-109mm/Hg
Stufe 3	>180mm/Hg	>110mmHg

Tabelle 2: Blutdruckklassifikation der American Heart Association (modifiziert nach Mancia et al., 2013, S. 1286)

1.2 Leistungsdiagnostik/Ausdauertestung

Die Leistungsdiagnostik wird in Form eines ausgewählten Testverfahrens durchgeführt. Zur Auswahl eignen sich der WHO-Test, der Hollmann-Venrath-Test und der Vita-Maxima-Test. Bei den aufgeführten Tests ist es gegeben, dass die Ergometrie mit einer definierten Belastung erfolgt und reproduzierbar, dosierbar, vergleichbar sowie objektiv ist (Löllgen, 2009, S. 4). Die drei Tests sind hierbei für verschiedene Leistungsstufen geeignet. So ist der WHO-Test für Untrainierte und Trainingseinsteiger geeignet. Der Hollmann-Venrath-Test eignet sich wiederum für leistungsfähige Männer, trainierte ältere Personen und trainierte Frauen. Desweiteren besteht die Möglichkeit, einen Vita-Maxima-Test durchzuführen. Dieser eignet sich für Leistungssportler und gut Trainierte, welche bereit sind, an ihre körperlichen Grenzen zu gehen. Für die Testperson ist dieser Test am Geeignetsten.

1.2.1 Begründung der Auswahl des Vita-Maxima-Tests

Für die Testperson wird der Stufentest des Bundesausschusses für Leistungssport (Vita-Maxima-Test) zur Leistungsdiagnostik verwendet, da der Proband bereits seit 16 Jahren aktiv Ausdauersport betreibt (Tab. 1). Somit ist von einem überdurchschnittlichen Trainingszustand auszugehen. Validiert wird dies durch den gemessenen niedrigen Ruhepuls und Blutdruck. Bereits im Eingangsgespräch konnte festgestellt werden, dass die Testperson eine hohe Motivation und einen großen Willen aufzeigt, um seine Bestleistung abzurufen. Somit ist die vollständige Ausbelastung des Vita-Maxima-Tests kein Problem. Der WHO- und der Hollmann-Venrath-Test dienen einer anderen Leistungsstufe und würden hierbei den Probanden nicht an seine maximale Auslastung bringen können.

Der WHO-Test ist also für den Probanden nicht geeignet, da er für leistungsschwächere und alte Menschen, sowie untrainierte und/oder übergewichtige Frauen gedacht ist. Auch wäre auch durch die nicht gegebene max. Auslastung bei dem Hollmann-Venrath-Test (180-24= 156 S/min) keine exakte individuelle, testbasierte Trainingsplanung möglich.

1.2.2   Durchführung des Vita-Maxima-Tests

Vita-Maxima-Test	
Testrelevante Parameter	
Geschlecht	Männlich
Alter	24 Jahre
Gewicht	88 kg
Größe	186 cm
Ruhepuls	57 Schläge/min
Trainingszustand	Gut ausdauertrainiert (Spieler bei einem Kreisklasse-Ligisten)
Eingangsbelastung	50 Watt
Belastungssteigerung	50 Watt
Stufendauer	3 Minuten
Ausbelastung	Mind. 176 Schläge/min
Trittfrequenz	80-100 U/min
Testgerät	Fahrradergometer-Test

Tabelle 4: Allgemeine Daten für Vita-Maxima-Test

Zeit	Belastung	Herzfrequenz 1	Herzfrequenz 2	Herzfrequenz 3
1-3 Minuten	50 Watt	113 Schläge/min	120 Schläge/min	125 Schläge/min
3-6 Minuten	100 Watt	127 Schläge/min	132 Schläge/min	137 Schläge/min
6-9 Minuten	150 Watt	143 Schläge/min	150 Schläge/min	154 Schläge/min
9-12 Minuten	200 Watt	160 Schläge/min	164 Schläge/min	169 Schläge/min
12-15 Minuten	250 Watt	174 Schläge/min	183 Schläge/min	188 Schläge/min
15-18 Minuten	300 Watt	192 Schläge/min	Testabbruch aufgrund subjektiver Erschöpfung (Muskelermüdung)	
Auswertung				
Endbelastung	266.6 Watt (zeitinterpolierte relative Wattleistung)			
Testgröße	266.6 Watt/ 88kg = 3.03 Watt/kg Körpergewicht			
Ausbelastung	192 Schläge/min (Erreichen der Mindestausbelastung ist gegeben)			

Tabelle 5: Testprotokoll und Auswertung des Vita-Maxima-Tests

1.2.3   Bewertung der Testergebnisse

Der Ausdauertest wurde bis zur sechsten Stufe, welche bei 300 Watt liegt, durchgehalten. Nach dem ersten Drittel wurde der Test aber abgebrochen, die Testperson konnte die Trittfrequenz von 80-100 U/min nicht mehr aufrechterhalten und musste abbrechen. Die Testperson konnte somit eine relative Soll-Watt-Leistung von ungefähr 3.03 Watt/kg Körpergewicht erreichen (266.6 Watt/88kg). Die Testperson wird folglich als Normal-bürger mit durchschnittliche Ausdauerleistungsfähigkeit eingestuft (Kindermann, 1987, S. 244-268).

1.3 Gesundheits- und Leistungsstatus der Person

Alle erfassten Daten entsprechen den Normwerten und sind somit einwandfrei. Der gemessene niedrigen Ruhepuls und Blutdruck validieren dies. Der Proband ist relativ jung, besitzt keine körperlichen Beschwerden oder Einschränkungen und nimmt keine Medikamente zu sich. Die Testergebnisse einhergehend mit den biometrischen Daten (siehe Tabelle 2) geben somit Aufschluss darüber, dass der Proband, wie vorhergesehen, für die weitere Trainingsplanung vollständig belastet werden kann und der Gesundheitszustand als einwandfrei gesehen werden kann. Der BMI liegt als einziger Wert mit 25,4 außerhalb der Norm in der leichten Präadipositas, ist aber aufgrund des Trainingszustandes keine übermäßige Einschränkung für den Probanden. Das Ergebnis des Vita-Maxima-Tests lässt zwar eine 100%-ige Belastung der Testperson im Verlauf der weiteren Trainingsplanung zu, wirkt aber aufgrund des Trainingszustand und der Trainingshäufigkeit relativ niedrig. Nach Rückfrage bestätigt der Proband, dass er noch nicht so fit sei, wie er sein wolle. Zudem scheinen die Trainingseinheiten des Fußballvereins laut seiner Aussage, mit relativ geringer Intensität und ohne Wechsel zu erfolgen. Die Monotonie der Trainingseinheiten lässt vermuten, dass dadurch keine weiteren Anpassungen erfolgten (Prinzip der variierenden Belastung). Eine Einschränkung aufgrund des Testergebnisses gibt es für die Trainingsplanung jedoch nicht.

2 Zielsetzung/Prognose

Ziele sind sowohl physisch, als auch psychisch, essenziel um einen kontinuierlichen Trainingsfortschritt zu gewährleisten. Ohne Ziele verliert der Trainingsverlauf mit der Zeit an Struktur. Somit ist es für den Probanden von großer Bedeutung, dass er diese klar und realistisch formuliert und ihnen nachgeht. Im Eingangsgespräch formulierte die Testperson einige Trainingsmotive. Diese müssen nun gemeinsam mit Ihm in Form von Inhalt, Ausmaß und Zeit erarbeitet werden. Um die Motivation der Testperson langfristig aufrechtzuhalten werden diese so gesetzt, dass innerhalb mehrerer Etappen bis zum Ende des Winterpause Ziele erreicht werden. Diese werden in Tabelle 6 aufgelistet und im Folgenden begründet.

Eines der Ziele des Probanden ist die von ihm angestrebte Senkung des Körperfettanteils. „Allgemein kann man sagen, dass bei einem erhöhten Körperfettanteil die Reduzierung von 250-500g Fett pro Woche realistisch ist." (Reiß, Fikenzer 2013b, S.41) Da der Körperfettanteil des Probanden nur leicht erhöht ist, ist hierbei von einer verminderten Körperfettreduktionsrate auszugehen. Der Wunsch der Gewichtsreduktion ist von ihm aus ästhetischer Sicht angestrebt, jedoch macht dieser aus sportwissenschaftlicher Sicht genauso Sinn. Durch die Reduktion des Gewichts hält der Proband sich weiterhin im Normalbereich bezüglich des prozentualen Körperfettanteils ((20-39 Jahre) liegt bei 8-20% (Gallagher, et al., 2000)) und nähert sich dem Durchschnittswert von 14%. Zusätzlich ist durch eine Verminderung des Körperfettanteils und der Gewichtsreduktion das Erreichen von Ziel 3 einfacher. Eine Reduktion des Gewichts führt hierbei nämlich zu einer Steigerung der Soll-Watt-Leistung.

Aufgrund des ästhetischen Wunsches wird die Gewichtsreduktion von Körperfett, wie in Ziel 1 angegeben, angestrebt. Diese geht einher mit der Senkung des BMI. Dieser liegt knapp oberhalb des Normalbereichs. Somit ist dies ein kombiniertes Zielt, einhergehend mit Ziel 1. Zur Erfolgskontrolle wird wöchentlich eine Neu-Berechnung des BMI vorgenommen. Innerhalb von 6 Wochen sollen hierbei die gewünschten Ergebnisse aufgezeigt werden können, um die Testperson weiterhin zu motivieren.

Die Testperson will, wie angegeben, im Laufe der Winterpause seine Ausdauerleistung stetig verbessern. Aufgrund der Einstufung in der niedrigsten Leistungsstufe des Vita-Maxima-Tests wird das Ziel 3 formuliert. Das Ziel hiermit ist somit das Erreichen der nächsten Leistungsstufe (Freizeit- und Breitensportler). Um den Erfolg zu kontrollieren folgt am Ende der 6 Monate ein Re-Test, um die Trainingsergebnisse zu validieren. Auf dieses Ziel ist die weitere Trainingsplanung primär ausgerichtet.

Inhalt	Ausmaß	Zeit
Abnahme des Körperfettanteils	2,4 kg	3 Monate
Senkung des Body-Mass-Index	Senkung des BMI auf 25,0	6 Wochen
Leistungssteigerung der Soll-Watt-Leistung	Erhöhung um 1 Watt/kg Körpergewicht	6 Monate

Tabelle 6: Ziele der Testperson

3 Trainingsplanung Mesozyklus

3.1 Grobplanung Mesozyklus

Für den Probanden wird eine Grobplanung des ersten Mesozyklus bereitgestellt. Dies folgt in Form folgender Tabelle.

Mesozyklus	
Dauer	6 Wochen
Trainingsziel	Entwicklung und Verbesserung der Grundlagenausdauer
Belastungsumfang/Woche	2-4 Stunden
Trainingsmethoden	- extensive Dauermethode
	- variable Dauermethode
	- intensive Dauermethode
	- extensive Intervallmethode
Trainingsintensität	- 40-50 % Hf$_{reserve}$ (regenerativ DM)
	- 45-65 % Hf$_{reserve}$ (extensiv DM)
	- 70-80% Hf$_{reserve}$ (intensiv DM)
	- 55-80% Hf$_{reserve}$ (variable DM)
	- 75-85% Hf$_{reserve}$ (extensiv IM)
Trainingshäufigkeit/Woche	3-4x/Woche
Trainingsdauer der Einheiten	- 30-40 min (regenerativ DM)
	- 50-60 min (extensiv DM)
	- 40-50 min (Intensiv DM)
	- 40-50 min (variable DM)
	- 30-45 min (extensive IM)
Trainingsgeräte	Laufband, Crosstrainer, Fahrrad

Tabelle 7: Grobplanung des Mesozyklus

3.2 Detailplanung Mesozyklus

Zur Berechnung der Planung des Mesozyklus wird mithilfe der **Karvonen**-Formel die Trainingsherzfrequenz ($Hf_{reserve}$) für die einzelnen Intensitäten berechnet. Als Beispiel ergibt sich für die Testperson also bei Einfügen der Werte die Trainingsherzfrequenz 127 Schläge/min bei einer Belastungsintensität von 50%. Tabelle 8 visualisiert die berechneten Werte für die Detailplanung des Mesozyklus. Hierbei gilt:

- Variable DM: (extensiver Anteil (min) / intensiver Anteil (min)

- Extensive IM: (Mittelzeitintervalle / Runden / Belastung (min) / lohnende Pause)

Woche 1	Montag	Mittwoch	Freitag	Sonntag
Trainingsziel	Aufbau & Stabilisierung GA 1	Entwicklung & Stabilisierung GA1 & GA2	Aufbau & Stabilisierung GA 1	
Trainingsmethode	Extensive DM	Variable DM	Extensive DM	
Trainingsintensität	60-65% Hfreserve	60-65% (extensiv) 65-80% (intensiv) Hfreserve	45-50% Hfreserve	
Trainingsherzfrequenz	140-147 Schläge/min	140-147 Schläge/min 147-168 Schläge/min	120-127 Schläge/min	
Trainingsdauer	60 min	40 min (5:5)	40 min	
Trainingsgerät	Fahrrad	Laufband	Crosstrainer	
Woche 2	**Montag**	**Mittwoch**	**Freitag**	**Sonntag**
Trainingsziel	Aufbau & Stabilisierung GA 1	Entwicklung & Stabilisierung GA1 & GA2	Aufbau & Stabilisierung GA 1	Entwicklung & Stabilisierung der GA1 & GA2
Trainingsmethode	Extensive DM	Variable DM	Extensive DM	Intensive DM
Trainingsintensität	60-65% Hfreserve	60-65% (extensiv) 65-80% (intensiv) Hfreserve	45-50% Hfreserve	70-75% Hfreserve
Trainingsherzfrequenz	140-147 Schläge/min	140-147 Schläge/min 147-168 Schläge/min	120-127 Schläge/min	154-161 Schläge/min
Trainingsdauer	40 min	45 min (5:5)	40 min	40 min
Trainingsgerät	Fahrrad	Laufband	Crosstrainer	Crosstrainer
Woche 3	**Montag**	**Mittwoch**	**Freitag**	**Sonntag**
Trainingsziel	Rekom	Entwicklung & Stabilisierung der GA1 & GA2	Entwicklung & Stabilisierung der GA1 & GA2	Entwicklung der GA2
Trainingsmethode	Extensive DM	Intensive DM	Variable DM	Extensive IM
Trainingsintensität	40-50% Hfreserve	70-80% Hfreserve	55-60% (extensiv) 70-75% (intensiv)	75-80% Hfreserve
Trainingsherzfrequenz	112-127 Schläge/min	154-168 Schläge/min	133-140 Schläge/min 154-161 Schläge/min	161-168 Schläge/min
Trainingsdauer	45 min	50 min	50 min (5:5)	40 min (MZI/10/1/3)
Trainingsgerät	Laufband	Laufband	Fahrrad	Laufband

Woche 4	Montag	Mittwoch	Freitag	Sonntag
Trainingsziel	Rekom	Entwicklung & Stabilisierung GA1 & GA2	Aufbau & Stabilisierung GA1	Entwicklung der GA2
Trainingsmethode	Extensive DM	Variable DM	Extensive DM	Extensive IM
Trainingsintensität	40-50% Hfreserve	65-70% (extensiv) 75-80% (intensiv) Hfreserve	60-65% Hfreserve	80-85% Hfreserve
Trainingsherzfrequenz	112-127 Schläge/min	147-154 Schläge/min 161-168 Schläge/min	140-147 Schläge/min	168-175 Schläge/min
Trainingsdauer	45 min	50 min (4:6)	60 min	44 min (MZI/11/1/3)
Trainingsgerät	Laufband	Laufband	Fahrrad	Laufband
Woche 5	Montag	Mittwoch	Freitag	Sonntag
Trainingsziel	Rekom	Entwicklung der GA2	Entwicklung & Stabilisierung der GA1 & GA2	Entwicklung der GA2
Trainingsmethode	Extensive DM	Intensive DM	Variable DM	Extensive IM
Trainingsintensität	40-50% Hfreserve	75-80% Hfreserve	55-60% (extensiv) 70-75% (intensiv)	75-80% Hfreserve
Trainingsherzfrequenz	112-127 Schläge/min	161-168 Schläge/min	133-140 Schläge/min 154-161 Schläge/min	161-168 Schläge/min
Trainingsdauer	45 min	40 min	50 min (5:5)	40 min (MZI/10/1/3)
Trainingsgerät	Laufband	Laufband	Fahrrad	Laufband
Woche 6	Montag	Mittwoch	Freitag	Sonntag
Trainingsziel	Rekom	Entwicklung & Stabilisierung GA1 & GA2	Aufbau & Stabilisierung GA 1	Entwicklung der GA2
Trainingsmethode	Extensive DM	Variable DM	Extensive DM	Extensive IM
Trainingsintensität	40-50% Hfreserve	50-55% (extensiv) 65-70% (intensiv) Hfreserve	60-65% Hfreserve	75-80% Hfreserve
Trainingsherzfrequenz	112-127 Schläge/min	127-133 Schläge/min 147-154 Schläge/min	140-147 Schläge/min	161-168 Schläge/min
Trainingsdauer	45 min	40 min (5:5)	30 min	36 min (MZI/9/1/3)
Trainingsgerät	Laufband	Laufband	Crosstrainer	Laufband

Tabelle 8: Detailplanung Mesozyklus

3.3 Begründung zum Mesozyklus

3.3.1 Begründung zum angestrebten wöchentlichen Belastungsumfang

Grundlage des wöchentlichen Belastungsumfang ist primär die Angabe der Testperson von 3-4x/Woche für 45-60 Minuten/Einheit, somit also maximal 180- 240min/Woche. Wie in Tabelle 9 eingesehen werden kann wurde dieser zeitliche Rahmen eingehalten. Zudem wurde auf ein ausgewogenes Be- und Entlastungsverhältnis geachtet. In den letzten beiden Wochen folgt eine Phase der reduzierten Belastung, zur Stabilisierung der Grundlagenausdauer. Zudem wurde aufgrund der Intensitätszunahme für Woche 3,4,5 und 6 eine REKOM-Einheit integriert. Desweiteren orientiert sich der wöchentliche Belastungsumfang am Gesundheits-Optimal-Programm (Zintl & Eisenhut, 2001, S. 137). Dies sieht eine wöchentliche Belastung von 180-240 min/Woche vor bei einer Belastungsdauer von 30-60 min/Einheit.

Zusätzlich dient es dem Ziel des Kunden eine Gewichtsreduktion des Körperfettanteils herbeizuführen. Um den Stoffwechsel zu aktivieren ist ein Belastungsumfang von 3 Stunden pro Woche angebracht (Zintl & Eisenhut, 2009, S. 142).

Woche	1	2	3	4	5	6
Einheiten/Woche	3	4	4	4	4	4
Zeit	140 min	165 min	185 min	199 min	175 min	151 min

Tabelle 9: Wöchentlicher Belastungsumfang

3.3.2 Begründung zu den ausgewählten Trainingsmethoden

3.3.2.1 Extensive Dauermethode

Die extensive Dauermethode ist die Basis für die Verbesserung der Grundlagenausdauer 1. Auf Basis der Grundlagenausdauer 1 kann dann im Verlauf des Zyklus die Grundlagenausdauer 2 aufgebaut werden. Aufgrund der geringen Belastungsintensität und dem Trainingszustand der Testperson wird im Blut nur wenig Laktat gebildet. Zudem sichert die extensive Dauermethode den Erhalt des niedrigen Ruhepulses. Ein weiterer positiver Aspekt ist bei zunehmender Dauer der verstärkte Fettstoffwechsel als Energielieferant, der die Gewichtsreduktion der Testperson begünstigt (Zintl & Eisenhut, 2009, S. 119).

3.3.2.2 Intensive Dauermethode

Die intensive Dauermethode ist eine Methode, die häufig im Fußball verwendet wird. Diese kennt der Proband bereits, weshalb sie sich problemlos integrieren lässt. Durch Anhebung der „anaeroben Schwelle" (Laktatproduktion und -elimination halten sich in der Waage) ist es für die Testperson bei regelmäßigem Training möglich höhere Intensitäten über einen längeren Zeitraum durchzuführen, weshalb erst später eine Überschreitung der Schweller und ein daraus resultierender Leistungsabfall erfolgt (Weineck, 2010, S. 272). Dies ist für die Sportart Fußball, die die Testperson betreibt, besonders wichtig, um die 90 Minuten Spielzeit möglichst effizient zu bewältigen. Ein weiterer Zusatzeffekt des intensiven Trainings laut Weineck (2010, S. 274) ist die mentale Gewöhnung harte/intensive Belastungen auszuhalten. Dadurch hilft es dem bereits willensstarken Spieler, auch noch bis zum Ende der Spielzeit durchzuhalten und erfolgreich zu performen.

3.3.2.3 Variable Dauermethode

Die variable Dauermethode ist ein wiederkehrender Wechsel zwischen extensiven und intensiven Intervallen. Dies ist sportartbezogen auf Fußball essenziel, um die teils niedrigen, aber auch schnellen Intensitäten eines Spiels zu simulieren. Die Methode kann dies zwar nicht exakt nach einem Spiel darstellen, hilft aber dem Spieler, um nach seiner Winterpause schnelle Manöver und folgende Pausen effizient zu meistern. Die Anpassungen der variablen Dauermethode entsprechen den der extensiven und intensiven Dauermethode in abgeflachter Form. (Zintl & Eisenhut, 2009, S. 119).

3.3.2.4 Extensive Intervallmethode

Die Methode lässt sich in der Empfehlung von Zintl & Eisenhut (2009, S.119) eines Gesundheitsoptimalprogramms nicht finden. Da hier aber individuell auf die Testperson ein Zyklus erstellt wird ist diese Methode essenziell. Das Ziel des Spielers ist primär die Leistung und Performance auf dem Platz, zusätzlich zu dem Aspekt Gesundheit. Aufgrund der mittlerweile 16-jährigen Erfahrung der Testperson im Fußball und seiner regelmäßigen Trainingsbeteiligung vor der Winterpause ist das Anwenden dieser Methode empfehlenswert. Die verspätete Aktivierung der Laktatproduktion und die Verbesserung der Laktatelimination helfen der Testperson sich sportartspezifisch zu verbessern. (Zintl & Eisenhut, 2009, S. 119). Durch die Anpassung hält der Muskel bei höheren Intensitäten

länger durch, bevor die Muskelermüdung eintritt. Dies ist wie beschrieben für das Fuß-
ballspiel, als auch den Re-Test des Probanden wichtig.

3.3.3 Begründung zur Belastungsprogression

Die Belastungsprogression des Mesozyklus folgt der wichtigsten Regel: Trainingshäufigkeit vor Umfang vor Intensität (Zintl & Eisenhut, 2009, S. 18). Wie in Tabelle 9 gesehen
werden kann wird dies genauestens eingehalten. Beginnend mit einer Erhöhung der Trainingshäufigkeit, folgt daraufhin eine Steigerung des Umfangs, bis es zuletzt zur Steigerung der Intensität kommt. Ab Woche 3 kommt es zu Schwankungen des Umfangs, die
sich auf die Integration der REKOM-Einheiten zurückführen lassen. Diese sind essenziell, um die Trainingsleistung dauerhaft halten und verbessern zu können. Somit wird ab
Woche 3 das optimale Verhältnis zwischen Belastung und Entlastung von 3:1 eingehalten
(Zintl & Eisenhut, 2009, S. 20). Das vermutlich nicht ausreichende Prinzip der variierenden Belastung in den Trainingseinheiten der Testperson in den Fußballeinheiten findet
hier nun deutlich Einsatz. Durch die zahlreichen verschiedenen Trainingsmethoden kann
es immer wieder zu neuen Anpassungserscheinungen des Bewegungsapparats kommen
(Weineck, 2010, S. 50).

3.3.4 Begründung zu den angesteuerten Trainingsbereichen

In dem gezeigten Mesozyklus werden die drei Trainingsbereiche Grundlagenausdauer 1
und 2 und Rekom verwendet. Der vierte Trainingsbereich findet hierbei keine Funktion,
da er nicht wettkampfspezifisch angewendet werden kann und dem Leistungszustand des
Kunden (noch) nicht entspricht (Neumann, Pfützner, & Berbalk, 2007, S. 140). Die Trainingsbereiche können hierbei durch unterschiedliche Belastungsintensitäten und Ziele
unterteilt werden (Zintl & Eisenhut, 2001, S. 111). Die Grundlagenausdauer 1 ist hierbei
für den Aufbau und der Stabilisierung einer Grundlagenausdauer, zusammen mit einer
Erhöhung der aeroben Leistungsfähigkeit, notwendig. Dies wird im Mesozyklus durch
Anwenden der extensiven oder variablen Dauermethode erreicht. Die Grundlagenausdauer 2 ist hierbei eine Weiterentwicklung der Grundlagenausdauer und fördert die Erhöhung der aerob-anaeroben Leistungsfähigkeit. In dem 6-wöchigen Plan erfolgt dies
durch die variable und intensive Dauermethode. Der Trainingsbereich REKOM wird
durch die ab Woche 3 eintretenden Regenerationseinheiten integriert, um die Regenera-
tion zwischen Trainingseinheiten mit höherer Intensität zu fördern und somit die Belast-
barkeit für die folgende Einheit zu fördern (Neumann, Pfützner, & Berbalk, 2007, S. 141).

3.3.5 Begründung der ausgewählten Ausdauergeräte bzw. Bewegungsformen

Die Auswahl der Geräte bzw. Formen stützt sich primär auf die sportliche Tätigkeit der Testperson. Zudem ist die Auswahl aufgrund der Winterpause wetterbedingt auf Geräte und Formen innerhalb begrenzt. Somit erfolgen die meisten Einheiten auf Crosstrainer, Laufband und Fahrrad. Diese Auswahl erfolgt, um eine Monotonie der Trainingseinheiten zu verhindern und um möglichst sportarztspezifisches Training zu ermöglichen. Das Laufband ist hierbei die primär orientierte Bewegungsform, da es mehr als 1/6 der Skelettmuskulatur trainiert und kontinuierlich beansprucht (Zintl & Eisenhut, 2009, S. 143). Zudem ist davon auszugehen, dass der Proband durch die jahrelange Erfahrung im Fußball eine gute Bewegungstechnik besitzt.

4 Literaturrecherche

Effekte des Ausdauertrainings bei Übergewicht / Adipositas

Studienleiter	Damian Skrypnik, Paweł Bogdański, Edyta Mądry, Joanna Karolkiewicz, Marzena Ratajczak, Jakub Kryściak, Danuta Pupek-Musialik, Jarosław Walkowiak
Jahr	2015
Forschungsfrage	Vergleich der Auswirkungen von Ausdauertraining mit Ausdauerkrafttraining auf die anthropometrischen Parameter, die Körperzusammensetzung, die körperliche Leistungsfähigkeit und die Kreislaufparameter bei adipösen Frauen.
Versuchspersonen	44 Frauen mit abdominaler Adipositas
Versuchsaufbau	Die Frauen wurden nach dem Zufallsprinzip in die Gruppen A und B eingeteilt. Beide Gruppen Trainierten über 3 Monate, 3x/Woche, jeweils 60 Minuten. Gruppe A trainierte Ausdauertraining und Gruppe B Ausdauerkrafttraining. Vor und nach dem Training wurde dabei eine Dual Energy X-ray Absorptiometry und ein abgestufter Belastungstest durchgeführt, um die Ergebnisse genau festzuhalten.
Ergebnisse	Nach Ende der Studie wurde eine signifikante Abnahme der Körpermasse, des BMI, des Gesamtkörperfetts, der Gesamtkörperfettmasse sowie des Taillen- und Hüftumfangs beobachtet. In Gruppe B wurde zudem eine deutliche Zunahme der fettfreien Gesamtkörpermasse und der körperfettfreien Gesamtmasse dokumentiert. In beiden Gruppen wurde eine signifikante Zunahme der maximalen Sauerstoffaufnahme, der Zeit bis zur Muskelerschöpfung, der maximalen Arbeitsfrequenz und eine Verschiebung der ventilatorischen Schwelle festgestellt. Zudem wurde ein verminderter Ruhepuls und gesenkter systolischer Ruheblutdruck und diastolischer Ruhe- und Belastungsblutdruck. Für die untersuchten Parameter wurden keine signifikanten Unterschiede zwischen den Gruppen festgestellt.

Tabelle 10: Anonyme, kontrollierte Studie 1 zu den Effekten des Ausdauertrainings bei Übergewicht (modifiziert nach Skrypnik et al., 2015)

Studienleiter	Pedro J Benito, Bricia López-Plaza, Laura M Bermejo, Ana B Peinado, Rocío Cupeiro, Javier Butragueño, Miguel A Rojo-Tirado, Domingo González-Lamuño, Carmen Gómez-Candela
Jahr	2020
Forschungsfrage	Auswirkung von Kraft- und Ausdauertraining kombiniert mit individualisierter Ernährung reduziert die Fettmasse bei adipösen Probanden
Versuchspersonen	Insgesamt nahmen zu Beginn der Studie 119 adipöse Teilnehmer teil. Davon 46 Männer und 73 Frauen.
Versuchsaufbau	Die 119 Teilnehmer wurden in 4 verschiedene Gruppen mithilfe des Zufallsprinzips unterteilt. Für 22 Wochen wurden sie in eines von vier Aktivitätsprogrammen eingeteilt (Krafttraining, Ausdauertraining, Kraft- und Ausdauertraining. Einhalten der Empfehlungen zur körperlichen Aktivität. Die Programme liefen alle mit gleicher Intensität und Volumen. Durch Dual Energy X-ray Absorptiometry wurde der Fortschritt regelmäßig dokumentiert.
Ergebnisse	Am Ende der Studie konnte alle Gruppen außer C ihre gesamte körperliche Aktivität steigern. Zudem konnte bei der Gruppe mit reinem Ausdauertraining eine deutliche Senkung des Körpergewichts und somit eine einhergehende Senkung des BMIs aufgezeigt werden. Zudem konnte die Körperfettmasse signifikant verringert werden.

Tabelle 11: Anonyme, kontrollierte Studie 2 zu den Effekten des Ausdauertrainings bei Übergewicht (modifiziert nach Benito et al., 2020)

5 Literaturverzeichnis

Bickenbach, A.-L. (2011). *Auswirkungen von Ausdauer- vs. Krafttraining vs. der Kombination Ausdauer-/Krafttraining auf die systemische Hämodynamik, Gefäßelastizität sowie Herzfrequenzvariabilität bei Patienten mit arterieller Hypertonie.* Köln: Deutsche Sporthochschule Köln.

Gallagher, D. H. (2000). *Healthy percentage body fat ranges: an approach for developing guidelines based on body mass index.* American Journal of Clinical Nutrition.

Kindermann, W. (1987). *Ergometrie-Empfehlungen für die ärztliche Praxis.* Deutsche Zeitschrift für Sportmedizin.

Löllgen, H. (2009). *Definition und Methodik.* Heidelberg: Springer Verlag.

Neumann, G. P. (2007). *Optimiertes Ausdauertraining (5. Überarb. Aufl. Ausg.).* Aachen: Meyer & Meyer.

Stergios, V. (2015). *Kardiovaskuläre Effekte eines aeroben versus eines isometrischen Trainings bei arterieller Hypertonie.* Berlin: Medizinische Fakultät Charité-Universitätsmedizin Berlin.

Weineck, J. (2003). *Ausdauertraining. Trainingssteuerung über die Herzfrequenz- und Milchsäurebestimmung.* Balingen: Spitta Verlag GmbH & Co. KG.

Weineck, J. (2010). Optimales Training. Leistungsphysiologische Trainingslehre unter besonderer Berücksichtigung des Kinder- und Jugendtrainings. (16. durchgesehene Ausg.). Balingen: Spitta Verlag GmbH & Co. KG.

Zintl, F. &. (2001). *Ausdauertraining. Grundlagen - Methoden - Trainingssteuerung (5.Auflage Ausg.).* München: BLV.

Zintl, F. &. (2009). *Ausdauertraining: Grundlagen- MethodenTrainingssteuerung (7 Überarbeitete Auflage Ausg.).* München: BLV.

6 Tabellenverzeichnis